SOL'AMORE…

Poesie di

Karl Louis Guillen

con testo inglese a fronte
traduzione di Elisabetta Menini
revisione di Fiamma Lolli e Deb Mia Mint

Lulu

Per maggiori informazioni sull'autore potete andare al sito italiano www.karlguillen.org o scrivere un'Email (in italiano o in inglese) a Elisabetta Menini specificando "Karl Louis Guillen" nel titolo. L'indirizzo Email è: betta_nico@libero.it

Sol'Amore
Prima stampa 2011

Traduzione: Elisabetta Menini
Revisione: Fiamma Lolli e Deb Mia Mint
Impaginazione: Daniela Annetta
Disegno di copertina: K. L. Guillen

Per ordinarne altre copie, contattate LULU a: http://www.lulu.com/spotlight/karlguillen

----

For more information about the author you can either go to: www.karlguillen.org (the website is in Italian) or write an Email (in English or in Italian) with the subject "Karl Louis Guillen" to Elisabetta Menini at the following Email address: betta_nico@libero.it

Sol'Amore (= Only Love)
First printing 2011

Translation: Elisabetta Menini
Revision: Fiamma Lolli and Deb Mia Mint
Page setup: Daniela Annetta
Cover art: K. L. Guillen

To order additional copies of this book, contact LULU at:
http://www.lulu.com/spotlight/karlguillen

GLI ALTRI LIBRI DI Karl L Guillen
THE OTHER BOOKS BY Karl L Guillen

Ecco l'elenco completo dei libri pubblicati di Karl L. Guillen
Here is the complete list of Karl L. Guillen's published books

The Grinder http://www2.xlibris.com/bookstore/bookdisplay.aspx?bookid=13317

Il Tritacarne (The Grinder in Italian) http://www.multimage.org/libri/scheda/2

In den Mühlen des Gesetzes (The Grinder in German)
http://www.exlibris.ch/buch.aspx?status=detail&p_id=3992104&t_na=sbz or
http://www.asaro-verlag.de/shop_1/index.php?time=1249773983&seite=produktdetail
&artikelnummer=393969861X&rubrik1=Bücher&rubrik2=Erzählungen

Betrayal of Innocence http://www2.xlibris.com/bookstore/bookdisplay
aspx?bookid=13974

The blood of Others http://www.lulu.com/spotlight/karlguillen

Il Sangue d'Altri (The blood of Others in Italian) http://www.multimage.org/libri/
scheda/36)

Five Things / Cinque Cose (poesie, esaurito, scaricabile in pdf su / pdf downloadable at
http://www.karlguillen.org/poesiakarl.html

Process of Illumination (esaurito, seconda edizione prossimamente /out of print, there's the project to print a second edition)

A Memory of Forever http://www.publishamerica.net/product25095.html) o chiedete copie a Elisabetta Menini / or ask copies to Elisabetta Menini betta_nico@libero.it

The Maya 2012 Survival Guide http://www.lulu.com/spotlight/karlguillen

Raif of Eire http://www.lulu.com/spotlight/karlguillen

Broken Wings http://www.lulu.com/spotlight/karlguillen

DALLA TRADUTTRICE

Mi sembra doveroso scrivere poche righe per spiegare come è nato questo libro che tante persone aspettano da tempo. Chi scrive a Karl e lo conosce bene sa che è poeta oltre che scrittore, e sicuramente ha qualche poesia personalmente dedicata fra le lettere ricevute. Chi poi è stato abbastanza fortunato da comprare i due voluni della prima raccolta di poesie pubblicata Five Things (ora esaurita come libro e scaricabile online come e-file su HYPERLINK "http://www.karlguillen.org" www.karlguillen.org), ha potuto toccare con mano la liricità di scritti poetici provenienti dal quello che si potrebbe definire l'inferno in terra.
Ci è voluto del tempo, una volta scelto l'argomento, per fare una selezione fra le tante poesie d'amore. Abbiamo deciso insieme di non mettere la data di redazione ad ogni poesia perché volevamo che il tutto fosse come un unico poema, un inno all'amore e alla vita. Il messaggio centrale di tutto il libro è che non bisogna mai disperare, mai privarsi di un'esperienza d'amore a causa delle ferite ricevute da esperienze precenti. Ama come se non fossi mai stato/a ferito/a prima. È questo che Karl ci dice, e detto da lui assume un valore ancora più pregnante, visti i dolori e le ferite che ha sofferto come detenuto in isolamento, dove l'amore è possibile solo in sogno.
Ci è voluto per me del tempo per tradurle, col costante scambio con Karl (rallentato dalla pigrizia delle guardie addette alla posta in entrata e in uscita).
Ci è voluto del tempo per trovare una revisione professionale, che abbiamo affidato a due amiche gentili e disponibili che hanno avuto bisogno di tempo per dare vita alla poesia di Karl nel miglior italiano possibile.
Ecco finalmente il prodotto finale, un altro saggio della vena poetica di Karl che potrebbe toccare l'animo di chi legge, che sappia o no cosa c'è dietro a tutte queste parole. Ma cosa c'è dietro a queste parole? Per scoprirlo vi rimando ai due libri autobiografici di Karl, pubblicati in italiano dalla casa editrice Multimage, Il Tritacarne (http://www.multimage.org/libri/scheda/2) e Il Sangue D'Altri (http://www.multimage.org/libri/scheda/36). Come per tutti gli altri libri di Karl, i proventi di Sol'Amore andranno per la difesa legale dell'Autore e di altri che lui aiuta.

Elisabetta Menini (per gli amici Betta, betta_nico@libero.it)

FROM THE TRANSLATOR

I think I owe you a few lines to tell you how this book was born, that many people have waited to be published. Whoever writes to Karl and knows him well knows that he is a poet and not only a writer, and surely has some poem especially dedicated to him/her between the letters s/he received. If someone was lucky enough to buy the two volums of his first poems published, Five Things (now out of print as a book and downloadable online at HYPERLINK "http://www.karlguillen.org" www.karlguillen.org as an e-file), then s/he could see first-hand the lyricism of poetic writings coming from what we could define hell on earth.

It took time, once the subject chosen, to select between all Karl's love poems. We decided together not to put the redaction date at each poem because we wanted the entire book to be a unique poetry book, a hymn to love and life. The central message of the whole book is that you never have to despair, never give up a love experience because of the wounds received in previous experiences. Love as if you've never been hurt before. This is what Karl tells us, and if it's he to say so, it is even more meaningful, because of the pains and wounds as a prisoner of isolation and suffering, where love is possible only in a dream.

It took time for me to translate the poems, with the constant exchanges with the Karl (delayed by the laziness of the guards responsible of the incoming and outgoing mail).

It took time to find a professional revision, which we had to entrust to two helpful and kind friends who took time to bring to life Karl's poetry in a better Italian.

At last, the final product, another of Karl's poetic vein that may touch the soul of readers, both of those who know and of those who don't know what is beyond these words. What is beyond these words? To find out I direct you to the two autobiographical books of Karl, The Grinder (http://www2.xlibris.com/bookstore/bookdisplay.aspx?bookid=13317) and The Blood of Others (http://www.lulu.com/product/paperback/the-blood-of-others/15900666). Like all the other books by Karl, the sales from Sol'Amore will be used for the legal defense of the Author and others he helps.

Elisabetta Menini (Betta for friends, betta_nico@libero.it)

INTRODUCTION FROM THE AUTHOR

Songs, poems, prose and simple verses on the subject of love, come easily to me for unknown reasons. Certainly, the experiences do not come from this life – as you read in "The Grinder" and "The Blood of Others" – of pain, suffering and fear, with only brief tastes of sweetness. I've listened to more love poems in my thoughts than I have written. My apologizes for this. Maybe the Angels of Love, Raphael, Theliel, Rahmiel and their Brothers and Sisters of light , whisper the sweetness and longing, pain and cruelty, need and bliss, of love's sensations to me in my dreams…
What do you feel? I Pray, and act, that your heart and soul surrender to love's sweet impasse…

INTRODUZIONE DALL'AUTORE

Canzoni, poesie, prose e semplici versi sull'argomento dell'amore mi vengono spontaneamente per ragioni sconosciute. Certo e' che le esperienze non vemgono da questa vita – come puoi leggere ne "Il Tritacarne" e "Il Sangue d'Altri" – di dolore, sofferenza e paura, con solo piccoli assaggi di dolcezza. Ho ascoltato dai miei pensieri più poesie d'amore di quante ne ho scritte, e di questo mi scuso. Forse gli Angeli dell'Amore, Raphael, Theliel, Rahmiel e i loro Fratelli e Sorelle di luce, mi sussurrano nei miei sogni la dolcezza e il desiderio, il dolore e la crudeltà, il bisogno e la beatitudine delle sensazioni dell'amore...
Come ti senti? Prego, e agisco affinché il tuo cuore e la tua anima si arrendanno al dolce impasse dell'amore...

ACKNOWLEDGEMENTS

Thanks to:

Elisabetta Menini, Daniela Annetta, Fiamma Lolli, Deb Mia Mint and those who helped in bringing this to you: translating, organizing, etc…
One of the few great loves was physically broken after decades when Arline Querl, my grandmother, left this life on a Friday morning, August 12 2011.

Thanks to friends who support me in the battles for love and humanity in this materialistic world still evolving.

All who sustain and support my heart, like Angels…

Smile KLG

Touch one another
Feel your soul
Love like you have never been hurt before.

RINGRAZIAMENTI

Grazie a:

Elisabetta Menini, Daniela Annetta, Fiamma Lolli, Deb Mia Mint e a coloro che hanno aiutato a portarti questo libro: traducendo, organizzando, etc...
Uno dei pochi grandi amori si è fisicamente spezzato dopo decine d'anni quando Arline Querl, mia nonna, ha lasciato questa vita un venerdì mattina, il 12 agosto 2011.

Grazie agli amici che mi sostengono nelle battaglie per l'amore e l'umanità in questo mondo materialistico che sempre si evolve.

A tutti quelli che sostengono e aiutano il mio cuore, come gli Angeli…

Sorridi KLG

Toccatevi l'un l'altro
Ascoltate la vostra anima
Amate come se non foste mai stati feriti prima.

1) (HAIKU)

Love whispers in the night
A sharp pinion
Balanced point upon my heart

Young love
Raindrops from stormy skies
Fighting amongst each other

1) (HAIKU)

L'amore bisbiglia nella notte
Una tagliente ruota dentata
Punto di equilibrio punta in equilibrio sul mio cuore

Amore giovane
Gocce di pioggia da cieli tempestosi
Combattono l'una contro l'altra

2) BEAUTIFULLY TRULY

I see in your eyes the glimmer of care
Even when I'm not there in your heart;
I see you touching the world's soul
I KNOW this, even while far apart;

I can hear the breeze upon my chest
Across the world your prayers become
Real, they sing to me from the distant skies
As though alone in a room, becoming one;

I see the animals reach for your hand
The trust they show is not for your beautiful smile
Your soul emanates a beauty from within
It is something learned, not for just a while;

I wish it and you are there
I see it and you shine like a Sun
I feel you deep within my spirit
Calling me, as if you were the One;

Beneath your beautiful smile
Under that clear-eyed stare
Upon those rosebud lips
You are the lovely Venus, standing there;

And when you reach, it's with purpose
When you smile, it is to give
When you touch, others receive
A blessing that they might live;

Beautifully truly, I swear I see
The mirror image of a soul I wish to be;
Beautifully truly, I long to touch
That perfection of you, if it wasn't too much;

Pray little butterfly of colors and silk
Know the flesh is just the game
We live, we love, we share each other
Beautifully truly, you are more than just your name…

2) MIRABILMENTE VERA

Vedo nei tuoi occhi la luce del bene che mi vuoi
Anche quando non sono lì nel tuo cuore;
Ti vedo mentre tocchi l'anima del mondo
Io SO questo, anche quando siamo lontani;

Posso sentire la brezza sul mio petto
Dall'altra parte del mondo le tue preghiere diventano
Reali, cantano per me da cieli lontani
Come se fossimo soli in una stanza, e diventassimo uno;

Vedo gli animali protendersi verso la tua mano tesa
La fiducia che mostrano non dipende dal tuo bel sorriso
La tua anima emana una bellezza che viene dall'interno
È qualcosa che si impara, non solo per un momento;

Lo desidero e tu ci sei
Lo vedo e tu brilli come un Sole
Nel più profondo del mio spirito ti sento
Chiamarmi, come se tu fossi quella giusta;

Al di là del tuo bel sorriso
Sotto quello sguardo limpido
Su quei boccioli di rosa delle tue labbra
Tu sei l'amabile Venere, là ritta in piedi;

E quando ti protendi, è per uno scopo
Quando sorridi, è per dare
Quando tocchi, altri ricevono
Una benedizione che possano vivere

Mirabilmente vera, giuro che vedo
L'immagine rispecchiata di un'anima che vorrei essere;
Mirabilmente vera, mi struggo dal desiderio di toccare
Quella tua perfezione, se non fosse chiedere troppo;

Prega piccola farfalla di seta e di colori
Sappi che il corpo non è altro che il gioco
Che viviamo, amiamo, condividiamo l'uno con l'altra
Mirabilmente vera, sei molto più che il tuo semplice nome…

3) VOICES

They tell me during loneliness
A world awaits so beautiful
Splendor in the flowers
Among grasses so green
As winds whisper and speak
Calling the names of the loved
While we spin around the sun.

But my fate is yet sealed
Tendrils of ghostly arms
Attached to my being
Guiding me toward some light
Burning, burning like a haze
Brightened by fire, somewhere
Beyond this netherland of
Pain and gain, in the distance
Calling, drawing, as
Lovers caress in the twilight…

3) VOCI

Durante la mia solitudine mi dicono
Un mondo bellissimo è in attesa
Splendore tra i fiori
Fra prati verdissimi
Mentre i venti mormorano e parlano
Chiamando i nomi degli innamorati
Mentre noi giriamo intorno al sole.

Ma il mio destino è ancora sigillato
Viticci di braccia spettrali
Si arrampicano sul mio essere
Mi guidano verso una qualche luce
Bruciando, bruciando come una foschia
Illuminata dal fuoco, da qualche parte
Al di là di questa bassa terra di
Dolore e profitto, in lontananza
Chiamando, attirando, come
Carezze di amanti al crepuscolo…

4) DEAD CALM

I can send you no candied hearts this Valentine's day
Chocolates are far beyond my reach
Your sailor boy is lost
I have no boat to beach.

My new hull is made of cement and steel
I am heavy in this watery fate
Fickle are my dreams of our happiness
I hear the sea floor calling of late.

Sirens sing to my soul: "Come below…"
With a quick razor blade across my bow
No matter how full my hopeful sails
I am trapped in the dead calm of now.

4) CALMA MORTALE

Non posso mandarti cuori di zucchero per S. Valentino
I cioccolatini sono ben al di là della mia portata
Il tuo marinaio si è perso
Non ho barca per approdare

Il mio nuovo scafo è fatto di cemento e d'acciaio
Mi sento pesante in questo destino d'acqua
Il mio sogno della nostra felicità è instabile
Ultimamente sento il fondo del mare che chiama

Sirene cantano alla mia anima: "Vieni giù..."
Una netta lama di rasoio attraversa la mia prua
Non importa quanto gonfie siano le mie vele speranzose
Resto intrappolato nella calma mortale del presente

5) THOUGHTLESS WAYS

In your thoughtless ways
You're killing this rose
The words are dead
"I love you", left unsaid.
"These foolish games"[1],
a pop star sings
They break my heart too
If only you knew, but you knew
Yes, I think maybe you do.
Your dark seas shimmer with sympathy
Your lover's lashes hypnotize
But all those words unsaid, I dread,
Trapped in this hell by your magic eyes
Don't you understand…
And it's my fault I can't spell it out
In your thoughtless ways
You make me tremble when you pout.
In this garden you have trampled,
The flowers are dying, like roots exposed to the sun
In your thoughtless ways you've killed my soul
Yet with a simple "I love you" it could all be undone…

1. "**Foolish Games**"

You took your coat off and stood in the rain,
You were always crazy like that.
I watched from my window,
always felt I was outside looking in on you.
You were always the mysterious one
With dark eyes and careless hair,
You were fashionably sensitive,
but too cool to care.
Then stood in my doorway, with nothing to say
besides some comment on the weather.
Well in case you failed to notice,
In case you failed to see,
This is my heart bleeding before you,
This is me down on my knees

[Chorus]
These foolish games are tearing me apart,
Your thoughtless words are breaking my heart.
You're breaking my heart.

You were always brilliant in the morning,
Smoking your cigarettes, talking over coffee.
Your philosophies on art, Baroque moved you.
You loved Mozart and you'd speak of your loved ones
As I clumsily strummed my guitar.
You'd teach me of honest things
Things that were daring, things that were clean
Things that knew what an honest dollar did mean
So I hid my soiled hands behind my back
Somewhere along the line I must've gone off track with you
Excuse me, guess I've mistaken you for somebody else,
Somebody who gave a damn,
Somebody more like myself.

[Chorus]
You took your coat off and stood in the rain,
You were always crazy like that.

5) MODI SPENSIERATI

Coi tuoi modi spensierati
Stai uccidendo questa rosa
Le parole sono morte
I "ti amo" restano non detti.
"Giochi sciocchi"[2], canta una pop star,
Spezzano anche il mio cuore
Se solo tu sapessi, ma lo sapevi
Sì, penso che forse tu lo sappia.
I tuoi mari scuri luccicano con comprensione
Le tue ciglia di amante ipnotizzano
Ma temo tutte quelle parole non dette
Intrappolato dai tuoi magici occhi in quest'inferno
Non capisci....
Ed è colpa mia se non posso scandirle
Coi tuoi modi spensierati
Mi fai tremare quando metti il broncio.
In questo giardino che hai calpestato,
I fiori stanno morendo, come radici esposte al sole
Coi tuoi modi spensierati m'hai ucciso l'anima
Eppure con un semplice "ti amo" si potrebbe ricominciare tutto…

2. Titolo Tradotto: **"Giochi Sciocchi"**

Ti sei tolto il cappotto e sei rimasto nella pioggia
Sei sempre stato pazzo a questo modo
Ti ho osservato dalla mia finestra,
ho sempre sentito di essere fuori a guardarti
Sei sempre stato quello misterioso
con gli occhi scuri e i capelli non curati,
Eri elegantemente sensibile,
ma troppo figo perchè questo potesse importare
Poi sei rimasto sulla mia porta d'ingresso, senza niente da dire
eccetto qualche commento sul tempo
Beh, Nel caso non l'avessi notato,
Nel caso non l'avessi visto,
Questo è il mio cuore che batte per te,
Questa sono io in ginocchio

[Ritornello]
Questi giochi sciocchi mi stanno mandando in pezzi
Le tue parole sconsiderate mi stanno spezzando il cuore
Stai spezzando il mio cuore

Sei sempre stato brillante al mattino
Fumando la tua sigaretta, parlando con il caffè in mano
Le tue filosofie sull'arte, il Barocco ti commuoveva,
Amavi Mozart e parleresti delle tue amate
Mentre goffamente strimpellavo la mia chitarra
Mi insegneresti cose oneste
Cose audaci, cose chiare
Cose che sanno ciò che significa un dollaro guadagnato onestamente
Perciò nascondo le mie mani sporche dietro di me
Da qualche parte lungo il percorso devo essere andata fuori dai binari con te
Scusami, penso di averti scambiato per qualcun'altro
Qualcuno che non dava nulla
Qualcuno molto più simile a me

[Ritornello]
Ti sei tolto il cappotto e sei rimasto nella pioggia
Sei sempre stato così pazzo

Artista: Jewel
Titolo originale: Foolish Games
Traduzione: Rianne

6) MISS YOU

I miss the love that's always there
I miss the stars in your green eyes
I miss the passion in your stare
I miss the colors you bring to my life.
But most of all I miss my friend
The one my soul confides in
The one who's afraid to let me in
I miss you, I miss my friend.

Distance kills, yet I love you still
I want your words in my ears at night
I cry unseen because it is gone
The light at the end of the tunnel
So distant I cannot see the twinkle.

A thousand nights, a thousand days
I cannot bear such pain;
Her cute nose and flashing eyes
The quickness of her tongue
The perfect imperfection of her skin
Vicarious dreams as we press together
Oh, I will miss you, the love within
But more in you, I miss my friend.

6) MI MANCHI

Mi manca l'amore sempre presente
Mi mancano le stelle nei tuoi occhi verdi
Mi manca la passione nel tuo sguardo
Mi mancano i colori che porti alla mia vita.
Ma più di tutto mi manca la mia amica
Quella in cui la mia anima confida
Quella che ha paura di lasciarmi entrare
Mi manchi, mi manca la mia amica.

La lontananza uccide, eppure ti amo ancora
Voglio le tue parole nelle mie orecchie la notte
Piango non visto perché è tutto finito
La luce alla fine del tunnel
Così lontana che non posso vederne il balenìo.

Mille notti, mille giorni
Non posso sopportare un tale dolore;
Il suo nasino e gli occhi scintillanti
La velocità della sua lingua
La perfetta imperfezione della sua pelle
Sogni surrogati mentre ci abbracciamo
Oh, mi mancherai, mi mancherà l'amore dentro
Ma soprattutto in te, mi manca la mia amica.

7) LIKE YOU'VE NEVER BEEN HURT BEFORE

I know you're hurting,
Baby, I seen how he stomped on your heart,
As he walked out your door
But baby, I'll hold you safely and forever,
Just love me like you've never been hurt before.

I see the rings of Saturn around your head
You are my earthbound angel and I think I'll die,
Because I need you like I need my heart
Yet each time we make love I feel your head in the sky.
You're not there beside me,
Your bruised spirit doesn't want to let go,
You won't tell me anything's wrong,
And you think you're the only one in the know.

I know you're hurting baby,
I know he dragged your soul through the moor
But baby I'll hold you tenderly and forever,
You got to love me like you've never been hurt before.
Feel my warm flesh around you,
Moonlit night above, stars in the sky,
Fireworks exploding within and without
See the truth, look into these eyes.

I know you've been hurt by a slamming door,
Some men only take and take some more
But baby please know I love you,
We got to love like we've never been hurt before…

7) COME SE TU NON FOSSI MAI STATA FERITA PRIMA…

So che stai soffrendo,
Piccola, ho visto come ti ha calpestato il cuore,
Mentre usciva dalla tua porta
Ma, piccola, io ti terrò al sicuro e per sempre,
Basta che mi ami come se non fossi mai stata ferita prima.

Vedo gli anelli di Saturno intorno alla tua testa
Tu sei il mio angelo terrestre e penso che morirò,
Perché ho bisogno di te come del mio cuore
Eppure ogni volta che facciamo l'amore sento che il tuo pensiero è altrove.
Tu non sei lì accanto a me,
Il tuo spirito ferito non vuole lasciar perdere,
Non mi dirai mai che c'è qualcosa che non va,
E pensi di essere l'unica a saperlo.

So che stai soffrendo, piccola,
So che lui ha trascinato la tua anima per la brughiera
Ma, piccola, io ti terrò teneramente e per sempre,
Devi amarmi come se non fossi mai stata ferita prima.
Senti il mio corpo caldo intorno a te,
Notte illuminata dalla luna lassù, stelle nel cielo
Fuochi d'artificio che esplodono dentro e fuori
Guarda la verità, guarda dentro questi occhi.

So che sei stata ferita da una porta sbattuta,
Alcuni uomini sono capaci solo di prendere, e prendere ancora
Ma per favore piccola, sappi che io ti amo,
Dobbiamo amare come se non fossimo mai stati feriti prima…

8) THE BEAST

My love is a senseless beast
Whose meandering brings me pain
My steel jungle traps all but my dreams
That cannot be shared lest in vain.
The unseen distorts my heart,
This flower that unfolds only in the night;
Remembrances dancing in the moon beams
Lurking near the shadows that never know light.
And ponder you this beast,
Its beautiful flesh and soft purr you must resist
For daggers hide where love resides,
Insure it's tame before you insist.
Not I, this intention to injure,
But the suppression of feelings true
These high walls weigh heavily upon those beloved
Every day I wake to pain somewhere new.
Tonight the tree's leaves rustle in the wind,
Upon the sea breeze the scent of our passion in the air
I know the phantom beast rumbles within
I shudder awake to find nobody there…

8) LA BESTIA

Il mio amore è una bestia insensibile
Il cui vagabondare mi fa soffrire
La mia giungla d'acciaio imprigiona tutto tranne i miei sogni
Che non possono essere condivisi se non invano.
Ciò che non vedo deforma il mio cuore,
Questo fiore che si schiude solo di notte;
Ricordi danzano ai raggi della luna
In agguato nell'ombra che non conosce mai la luce.
Rifletti su questa bestia,
Devi resistere alla sua bella carne e alle sue dolci fusa
Perché pugnali si nascondono laddove abita l'amore,
Assicurati che sia addomesticata prima di insistere.
Non io, questa intenzione di ferire,
Ma la soppressione di sentimenti veri
Questi alti muri gravano pesantemente su coloro che si amano
Ogni giorno mi risveglio ad un dolore in qualche modo nuovo…
Stanotte le foglie dell'albero stormiscono nel vento
Sulle ali della brezza marina il profumo della nostra passione nell'aria
So che la bestia fantasma ruggisce internamente
Con un brivido mi sveglio e non trovo nessuno lì con me…

9) ROLL OVER

I twist and jerk in my bed
What is wrong inside my head
I see a face, and lips so red
Sometimes I'd rather be dead!
Can't you understand my need?
I'm a living soul to feed.
And you're not the only one going without
My heart's cracked in half, turned inside out.
I roll over every morning; I reach for you;
I know you don't believe me, but it's true.
When I roll over to find my empty space
In my bunk I'm a basket case.
Can't you understand my needs?
I can feel, and my heart bleeds.
You say you could love me. It doesn't show,
I roll over in my sleep, because I don't really know.
You might love me, but it isn't the season,
Everytime I roll over searching for your reason
I need to feel you, need you to feel me.
Why don't you roll over, maybe you'll see;
A face like mine, doing time -
A soul bleeding, a heartbeat trying to rhyme.
Rolling over, waiting for you
In the night the dream always comes true.

9) RIGIRARSI

Mi contorco e sobbalzo nel letto
Cosa c'è che non va nella mia mente
Vedo un viso, e labbra così rosse
Talvolta vorrei piuttosto essere morto!
Non riesci a capire il mio bisogno?
Sono un'anima vivente da nutrire.
E tu non sei l'unica che non ha nulla
Il mio cuore è spaccato in due, rivoltato da dentro a fuori.
Mi rigiro ogni mattina; allungo la mano per cercarti;
So che non mi credi, ma è vero.
Quando mi rigiro e trovo uno spazio vuoto
Nella mia cuccetta, sono un caso disperato.
Non riesci a capire i miei bisogni?
Io li sento, e il mio cuore sanguina.
Dici che potresti amarmi. Non sembra proprio,
Mi rigiro nel sonno, perché proprio non lo so.
Potresti amarmi, ma non è la stagione giusta,
Ogni volta mi rigiro cercando le tue ragioni
Ho bisogno di sentirti, ho bisogno di te per sentire me stesso
Se ti girassi anche tu, forse vedresti;
Un viso come il mio, che sconta la sua condanna –
Un'anima sanguinante, un cuore che batte cercando una rima.
Che si rigira, che ti aspetta
Di notte il sogno si avvera sempre.

10) MORNING

I can see everything in the morning
When you're involved in your dreams
I wonder what does that smile mean?
Is she dreaming of me?
As dawn touches her golden brow
I see only the beauty I've always known
She says she's putting on a few pounds
I just tell her it doesn't even show.
I look upon her ivory length
My fingers trace the outline of her form
I can't even see myself alive without her
I wonder if she knows I love her more.
In the mornings I see your soft smile
And I dream of things to drive you wild.
Don't know what I'd ever do
If I couldn't wake up next to you.

10) MATTINO

Riesco a vedere tutto di mattina
Quando sei ancora avviluppata nei tuoi sogni
Mi chiedo che cosa significhi quel sorriso?
Sta sognando me?
Quando l'aurora sfiora la sua fronte dorata
Vedo solo la bellezza che ho sempre conosciuto
Dice che sta mettendo su un po' di chili
E io le dico che non si notano affatto
Guardo la sua figura d'avorio
Le mie dita tracciano il profilo della sua forma
Non posso nemmeno pensarmi vivo senza di lei
Mi chiedo se lei sappia che la amo ancora di più
Al mattino vedo il tuo dolce sorriso
E sogno cose per farti impazzire.
Non so cosa farei mai
Se non potessi svegliarmi vicino a te.

11) NO MUSIC!

Would you look at me
Looking at you
Don't know where I'm going
Don't know what I'm gonna do
I just carry on like nothing's wrong
Don't hear no music
Not allowed to sing this song!

Think I'll go crazy
Here in my no music world
Maybe - maybe someone will save me
Some crazy doe-eyed girl.

Whisper in my ears
Don't let the white noise in
Go past this world of fears
Let's make music, let's begin.

No music world stay away
Fill my head with the sound of her voice
I know I made my mistakes
But everyone deserves a second choice.

The years will pass
It'll be just me and you
Music in our ears
Doesn't matter what we do.
So come into my love
Let me be the one to speak to your soul
In my no music world
This is my only goal.

11) NESSUNA MUSICA!

Mi guarderesti
Mentre ti guardo
Non so dove sto andando
Non so cosa farò
Semplicemente vado avanti come se tutto andasse bene
Non ascolto nessuna musica
Non è permesso cantare questa canzone!

Penso che impazzirò
Qui nel mio mondo senza musica
Forse – forse qualcuno mi salverà,
Qualche ragazza pazza con occhi da cerbiatta.

Sussurrami nelle orecchie
Non lasciar entrare il rumore bianco
Supera questo mondo di paure
Facciamo della musica, cominciamo.

Il mondo senza musica resterà fuori
Mi riempio la testa col suono della voce di lei
So di aver fatto i miei errori
Ma tutti meritano una seconda opportunità.

Gli anni passeranno
Ci saremo solo tu ed io
Con la musica nelle orecchie
Qualunque cosa stiamo facendo.
Allora entra nel mio amore
Fammi essere quello che parla alla tua anima
Nel mio mondo senza musica
Questo è il mio unico scopo.

12) ONLY YOU

I know your scent in the wind
And the taste of your breath is in my lungs
The kiss of a thousand lovers
Could not compare to this love we've begun.

This kiss, long and hard, soft and sweet,
To last into the sunset, past the dawn
Intermingled bodies of two become one,
As I take you into the bliss of loves beyond.

Pain is in nothing we feel
There is no questions about what we do
You may trace my flesh with your lips,
And I yours, in this love between me and you.

But do not open your eyes my little beauty,
Nor waken from this dream
Feel my heated breath upon your softest flesh
Express your desire as my body splits your seams.

Now you may go adrift
Away from me, but never far, never far
For in your searching and longing I'll be there
In your days and nights, I'll know where you are.

Do you not understand my singularity
My love can only exist with one
Affections should not be thin or shallow
For some passions aren't meant for fun.

I believe in your bright eyes
I wander along the pink crest of your smile
But my love, I cannot burden you with my time
I would not have you suffer alone during my exile.

So be my dream at night
Show me fantasies you crave come true
Let's let time and friendship tell
Whether we say; "There's only you…"

12) SOLO TU

Conosco il tuo profumo nel vento
E il sapore del tuo respiro è nei miei polmoni
Il bacio di mille amanti
Non è paragonabile a questo amore che abbiamo iniziato.

Questo bacio, lungo e forte, morbido e dolce,
Che dura dal tramonto, fino a dopo l'aurora
Corpi fusi di due diventati uno,
Mentre ti porto nella beatitudine degli amori al di là.

Il dolore non è in qualcosa che sentiamo
Non ci sono dubbi su ciò che facciamo
Puoi percorrermi il corpo con le labbra,
E io il tuo, in questo amore fra me e te.

Ma non aprire gli occhi, mia piccola bella,
Non svegliarti da questo sogno
Senti il mio caldo respiro sulla tua morbidissima carne
Esprimi un desiderio mentre il mio corpo ti apre ogni fessura.

Ora puoi andare alla deriva
Via da me, ma mai lontano, mai lontano
Perché nella tua ricerca e nel tuo desiderio io sarò lì
Nei tuoi giorni e nelle tue notti, saprò dove sei.

Non capisci la mia particolarità?
Il mio amore può esistere solo con una
Gli affetti non dovrebbero essere leggeri o poco profondi
Perché certe passioni non sono fatte per divertirsi.

Credo nei tuoi occhi brillanti
Vago lungo la linea rosa del tuo sorriso
Ma, amore mio, non posso caricarti con il fardello del mio tempo
Non vorrei che tu soffrissi sola durante il mio esilio.

Dunque sii il mio sogno di notte
Mostrami fantasie che muori dalla voglia di vedere realizzate
Lasciamo che siano il tempo e l'amicizia a stabilire
Se possiamo dire: "Ci sei solo tu…"

13) HELLO MY LOVE

Hello my love, I'm here with you
Feel my presence in the air you breathe
Hear your heartbeat running with mine
Strong, like the constant tide of the sea.

Hello my love, I'm calling you
Listen, a lyric of love upon your ears
The whisper of my breath upon your face
My lips, softly kissing away your tears.

Hello my love, I'm looking at you
I see your face, your body, such sweet delight
An eagle flies, the falcon cries
Will you lie with me tonight.
Under the stars, beneath the milky moon
Your pink flesh, my ecstasy, my world
Whisper me passions and lullabies, tell me…
Show me love, when boy meets girl.
Caress my frown, kiss it away
Let me feel your gentle touch upon my skin
Taste my love, as we drift above
We exist as one soul, in the heavens within.

13) CIAO AMORE MIO

Ciao amore mio, sono qui con te
Senti la mia presenza nell'aria che respiri
Senti il battito del tuo cuore che insegue il mio
Forte, come la marea costante del mare.

Ciao amore mio, ti sto chiamando
Ascolta, una poesia d'amore nelle tue orecchie
Il sussurro del mio respiro sul tuo viso
Le mie labbra, che dolcemente asciugano le tue lacrime con un bacio.

Ciao amore mio, ti sto guardando
Vedo il tuo viso, il tuo corpo, delizia così dolce
Un'aquila vola, il falco grida
Vuoi coricarti con me stanotte.
Sotto le stelle, sotto una luna bianca come il latte
La tua carne rosea, la mia estasi, il mio mondo
Sussurrami passioni e ninnananne, raccontami...
Fammi vedere l'amore, quando un ragazzo incontra una ragazza.
Accarezza il mio cipiglio, disperdilo con un bacio
Fammi sentire il tuo tocco gentile sulla pelle
Assapora il mio amore, mentre andiamo alla deriva lassù
Esistiamo come un'anima sola, nei paradisi interiori.

14) WAIT…

Where art thou? my guileless love.
Mercy, I too cry. For you are far
Oh, too far from my empty breast,
I beg, if only to kiss, those shapes
That pouting lip, that beauty, that minor fervor
Of love, need I only catch your flowered scent,
To see that twinkle, those eyes, yes, divine.
My heart, my soul, my all, long for you
Withhold no portion small, for I may die,
Or yet, I may live, but without life,
Searching out your shape in shadows
In clouds, perhaps in the beauty of madness!
Nay. Deprive me not, oh bosom of myself,
Forget not the seas this battered hull fights
Plowing forward, from these storms I flee,
Blindly, but with purpose, wait for me love,
Wait for me…

14) ASPETTA…

Dove sei? mio sincero amore.
Pietà, anch'io piango. Poiché tu sei lontana
Oh, troppo lontana dal mio petto vuoto,
Invoco, non foss'altro che per baciarle, quelle forme,
Quel labbro imbronciato, quella bellezza, quel lieve zelo
Di amore, ho solo bisogno di catturare il tuo profumo di fiori,
Di vedere quel balenío, quegli occhi, sì, divini.
Il mio cuore, la mia anima, tutto di me, per te si strugge
Non rifiutarmi neanche una piccola parte di te, perché potrei morire,
Oppure, potrei vivere, ma senza vita,
Cercando la tua figura nelle ombre,
Nelle nuvole, forse nella bellezza della pazzia!
No. Non privarmene, oh, mio rifugio,
Non dimenticare i mari contro cui questo scafo sfasciato combatte
Solcando i mari sempre avanti, fuggo da queste bufere,
Ciecamente, ma con determinazione, aspettami amore,
Aspettami…

15) (OH, SILLY LOVE POEM)

Oh my soul aches
To be within the warmth
Looking into the fire
That flares in your eyes.

My heart pumps red
Like the crimson deep in the fold
Of a blooming rose
Under a sun burning gold.

Just to touch, if only a moment
Your face that haunts my night
Like some glowing candle
Keeping those secret memories alight.

I hurt for you in my insecurity
And without the knowing I feel lost
Each hour without your hair in my face
Gone is a precious moment beyond cost.

So whisper me a prayer
Touch my presence if only make believe
If only a night we shared
It would be enough for eternity.

15) (OH, SCIOCCA POESIA D'AMORE)

Oh, la mia anima muore dalla voglia
Di essere in mezzo al calore
Guardando dentro il fuoco
Che arde nei tuoi occhi.

Il mio cuore pompa rosso
Come il cremisi nel profondo delle pieghe
Di una rosa in fiore
Sotto un cocente sole dorato.

Solo per toccare, foss'anche per un attimo,
Il tuo viso che ossessiona la mia notte
Come una candela ardente
Che mantiene accesi quei ricordi segreti.

Nella mia insicurezza sto male per te
E senza tale consapevolezza mi sento perduto
Ogni ora passata senza i tuoi capelli sul mio viso
È un momento prezioso perduto che non ha prezzo.

Perciò sussurrami una preghiera
Tocca la mia presenza, almeno fammelo credere
Se passassimo insieme anche solo una notte
Sarebbe abbastanza per l'eternità.

16) SILK LACE

Each day this stagnant air smells like flowers
Rolling hills of blues, reds, yellows, purples,
Because you are near
Each night I drift to you
Soft as a butterfly wing
Gentle, warm and loving
And know that each finger I long to kiss
Burrowing like a child into your warmth
Longing for your arms around me
Each word from your lips like songs
Some that brings me sadness when you hurt
Others that lift to heights forgotten
But mostly, a smile is on my face
Each night I feel your touch,
Soft as silk lace…

16) PIZZO DI SETA

Ogni giorno quest'aria stagnante profuma di fiori
Rotolando su colline di blu, di rosso, di giallo, di viola
Perché tu sei vicina
Ogni notte vado alla deriva verso te,
Delicata come l'ala di una farfalla
Dolce, calda e amorosa
E sappi che bramo baciare ogni singolo dito
Mentre mi rintano come un bambino nel tuo calore
E desidero da morire le tue braccia intorno a me
Ogni parola delle tue labbra come canzoni
Alcune che mi rattristano quando stai male
Altre che innalzano ad altezze dimenticate
Ma soprattutto, c'è un sorriso sul mio volto
Ogni notte in cui sento il tuo tocco,
Morbido come un pizzo di seta…

17) NOT WHAT YOU TAKE

(Song)

I'll fly anywhere to be with you
To London, New York, or Rome
All I need is you right here
Because your body is my nation, your love my home.

Let's drift cross the sea together
Let's dance across the sea…
Prove our love's true or not
Show everyone it's not some lover's game.

Girl I want to keep you from the blackness
I want to share all that's mine to give
This love will never stale or grow dim
It'll be like this forever, for as long as you live.

All the boys with toys
With pin-stripes, Porsches, and cash fat bank accounts
They love you with their pretty colors
And promises you'll find don't count.
But look over here baby, look at me
I'm more than meets the eye, can't you see.
And be careful what you get from him
Because soon it'll be his life you're living
It's not what you take that puts you in peril
It's how much of your soul you're giving.

So take my hand and come to my peace
In my arms, be yourself and fly
So take my hand, baby please
Or what was a rainbow must surely die…
Or you might see this loving man cry…
Might see my love say goodbye.

17) NON QUELLO CHE PRENDI

(Canzone)

Volerò ovunque per stare con te
A Londra, New York o Roma
Tutto ciò di cui ho bisogno e che tu sia qui con me
Perché il tuo corpo è la mia nazione, il tuo amore la mia casa.

Andiamo insieme alla deriva sul mare
Danziamo insieme sul mare…
Dimostriamo se il nostro amore è vero o no
Facciamo vedere a tutti che non è un gioco di un amante.

Ragazza, voglio proteggerti dall'oscurità
Voglio condividere con te tutto ciò che di mio ho da dare
Quest'amore non diventerà mai stantio né mai si affievolirà
Sarà così per sempre, finché vivrai.

Tutti i ragazzi con giocattoli,
Con completi gessati, Porsche, e grossi conti in banca
Ti amano con i loro bei colori
E le promesse che troverai non contano niente.
Piuttosto guarda qui, piccola, guardami
Io sono più di quel che sembra a prima vista, non vedi?
E stai attenta a quel che puoi avere da lui
Perché ben presto ti troverai a vivere la sua vita
Non è quello che prendi che ti mette in pericolo
Ma è quanto della tua anima ci stai mettendo.

Allora prendi la mia mano e vieni alla mia pace
Fra le mie braccia, sii te stessa e vola
Allora prendimi per mano, piccola, ti prego
O quello che era un arcobaleno dovrà sicuramente morire…
O potresti vedere quest'uomo innamorato piangere…
Potresti vedere il mio amore dire addio.

18) CHOOSE TO FLY

(Song)

No use in my destination
This trail traveled has burned my soul
Flames surround this rocky road
I move forward into life, I have no goal.

Why must we fall apart
Can't we make it if we try
This old room's so empty without you here
Can't we just give it a little time.

In the Egyptian music my mind evolves
My soul flies with the strings
Each note of the horn dissolves
The loneliness this gray stone brings.
But no tune can match your voice
Your scent, your love, your kiss
And there's no laughter I can replay
I'm left here longing for this.

I'll move forward without you if you need
You want to be freed, some lovers emancipation
But baby know I'll be lost can't you see
There'll be no use in my destination.

This room's so empty without you love
Can't we give it a little more time
I'll open the doors to your velvet cage
And hope you won't choose to fly…

18) SCEGLIERE DI VOLARE
(Canzone)

Non c'è utilità nella mia meta
Questo percorso seguito m'ha bruciato l'anima
Fiamme circondano questa strada accidentata
Vado avanti nella vita, non ho scopo.

Perché dobbiamo allontanarci?
Non potremmo farcela se proviamo?
Questa vecchia stanza è così vuota senza di te qui
Non possiamo darci soltanto un po' di tempo?

Nella musica egiziana la mia mente si evolve
La mia anima vola con gli strumenti ad arco
Ogni nota del corno dissolve
La solitudine portata da queste pietre grigie.
Ma nessuna melodia può uguagliare la tua voce
Il tuo profumo, il tuo amore, il tuo bacio
E non c'è risata che io possa riprodurre
Resto qui qui a struggermi per tutto questo.

Andrò avanti senza di te se ne hai bisogno
Vuoi essere liberata, una sorta di emancipazione dall'amante
Ma, piccola, sappi che io mi perderò, non riesci a vedere
Che non ci sarà utilità nella mia meta?

Questa stanza è così vuota senza di te, amore,
Non possiamo darci un po' più di tempo?
Aprirò le porte della tua gabbia di velluto
E spero che tu non scelga di volar via...

19) IT IS NOTHING…

…That I cannot touch you
It is nothing that I cannot speak face to face
Your words and kindness keep me afloat
Above the dark seas and loneliness of this place.

Nothing matters that shouldn't
Beyond humane humanity should we care
Saving to save those from themselves
Bring them to a paradise, somewhere?

Should there even be vitality in life
I have no answer, for I have yet to live
It is nothing these pains I may endure
It is only how much of me to you I give.
My pleasure is in deciphering your words
I find peace in your eyes so light
I say again, it is nothing these pains I endure
When I've friends like you who keep me in sight!

19) NON È NIENTE…

… Che non possa toccarti
Non è niente che non possa parlarti faccia a faccia
Le tue parole e la tua gentilezza mi mantengono a galla
Sui mari scuri e sulla solitudine di questo posto.

Niente importa che non dovrebbe importare
Al di là dell'umanità umana dovremmo forse preoccuparci
Di salvarli da loro stessi
Di portarli a un paradiso, da qualche parte?

Dovesse pure esserci vitalità nella vita
Non ho risposta, perché devo ancora vivere
Queste sofferenze che potrei dover sopportare non sono niente
Importa solo quanto ti do di me.
Il mio piacere sta nel decifrare le tue parole
Trovo pace nei tuoi occhi così luminosi
Lo ripeto, queste sofferenze che sopporto non sono niente
Quando ho amici come te che non mi perdono di vista!

20) RUSTING

I am outside in the rain,
Normally I would not be here
But I am, and I am watching the gray
Clouds beyond the bars chipped bare

Drops fumble past the cage
Enter my rage, my pain
My hands come away from my face bloody,
I am rusting away under this rain

I have no doubt of my oxidation
So clear as my non-fated emancipation
I stand here looking up
Chips of steel float in my liquid eyes,
I'm glad my tears wash them away,
I don't think I hear my own cries.

My gray walls and my steel stars
Rusting away under the rain
I hear your voice lulling me,
I'm not sure you can penetrate this pain.

The roaches swim out of their holes,
So much like my guardians with their red rum noses,
Jackbooted thugs wash my blood away,
Don't let the public see what becomes of my day.

I endeavor to become that which I cannot,
To be someone worth you trusting,
Chips of pain fall in the rain,
I stand alone, just rusting.

20) ARRUGGINIRE

Sono all'aperto, sotto la pioggia,
Normalmente non dovrei essere qui
Ma ci sono, e guardo le nuvole grigie
Al di là delle sbarre smangiate

Gocce annaspano oltre la gabbia
Penetrano la mia rabbia, il mio dolore
Le mani si allontanano dal viso sanguinante,
Mi sto arrugginendo sotto questa pioggia.

Non ho dubbi sulla mia ossidazione
Sicura come la mia emancipazione non prevista dal destino
Sto qui, guardando in su
Frammenti d'acciaio mi galleggiano negli occhi liquidi,
Sono contento che le mie lacrime li lavino via,
Penso di non udire il mio stesso pianto.

I miei muri grigi e le mie stelle d'acciaio
Arrugginiscono sotto la pioggia
Sento la tua voce che mi culla,
Non sono sicuro che tu possa penetrare questo dolore.

Gli scarafaggi strisciano fuori dai loro buchi,
Così simili ai miei guardiani con i nasi rossi per il rum,
Criminali con gli anfibi ai piedi lavano via il mio sangue,
Non far vedere alla gente cosa ne è dei miei giorni.

Mi sforzo di diventare ciò che non posso essere,
Di essere una persona degna della tua fiducia,
Frammenti di dolore cadono nella pioggia,
E io sto qui da solo, semplicemente arrugginendo.

21) LACRIMA DEL CUORE
[Questa poesia è stata scritta da Karl in italiano]

Di notte
Bramo toccare,
Fare all'amore, sensuale, appassionato,
Con la mia anima gemella
Dove sei tu? amante?
Non ho vita
Senza di te.
Oh, crudeltà, vivere solo
Dentro una gabbia,
Non sento nulla dietro le mura d'una prigione,
Non vedere niente… toccare nulla…
Nei miei sogni
Ho sentito la tua voce,
Un lontano sussurro,
È il mio faro di speranza,
È il mio sole nell'oscurità
Un tenera carezza di notte…

Questa è la lacrima del cuore…

22) UNIVERSAL ATTRACTION

I believe in the universal attraction of beings
Between two souls of a kind
From the written word or phone call
A touch deeper than valley's remind
I believe in beginnings
A mustard seed upon the wind
Happenstance and nature's pain
As new trees come to life again.
I look far from my little cell
Though I've no windows to see
I feel myself a feather upon the wind
Waiting for some gentle hand to catch upon me.
So reach out if you can
With open arms, stretch your hand, or pucker for a kiss
It is these smallest things that matter most in life
Is there anything better than friendship and love's bliss?

22) ATTRAZIONE UNIVERSALE

Credo nell'attrazione universale degli esseri viventi
Fra due anime della stessa natura
Da parole scritte o telefonate
Un tocco più profondo di quanto la valle possa ricordare
Credo negli inizi
Un seme di senape nel vento
Evento casuale e dolore della natura
Come nuovi alberi ritornati alla vita.
Guardo lontano dalla mia piccola cella
Anche se non ho finestre da cui vedere
Mi sento una piuma nel vento
Che aspetta una mano gentile che mi afferri.
Allora raggiungimi se puoi
A braccia aperte, stendi la mano, prepara le labbra a un bacio
Sono queste piccole cose a importare di più nella vita
C'è forse qualcosa di meglio dell'amicizia e della gioia dell'amore?

23)
(SONG)

I'm living without you baby
I'm lonely but I'm on my way
Going from the country where we loved
I'm still waiting for you to say.

Baby please stay here a while
Talk about those things that went wrong
My soul is wrapped up in your heart
I can't imagine breathing if you're gone.
Baby please stay here a while
Tell me what it is we need to do
I can give if you can
Because compromise means our love is true.

I'm at the airport
I see couples hand in hand and I'm alone
You're nowhere around to say goodbye
I'm waiting for the ring of my phone.

I'm walking down the tunnel
Suffocating without your face, without your kiss
Why do people argue over stupid shit
When we really mean this…

Baby please stay here a while
Talk about those things that went wrong
My soul is wrapped up in you
I can't imagine life with you gone.

I see a face from the plane
I can sense what you want to say
Even as she begins to cry
The plane's flying away…

23)
(CANZONE)

Sto vivendo senza di te, piccola,
Sono solo ma sto per andarmene
Dal paese in cui ci siamo amati
Sto ancora aspettando che tu parli.

Piccola, per favore stai qui un attimo
Dimmi le cose che sono andate storte
La mia anima è avvolta dal tuo cuore
Non riesco a immaginare di respirare se non ci sei.
Piccola, per favore stai qui un attimo
Dimmi cos'è che dobbiamo fare
Posso dare se puoi anche tu
Perché il patto significa che il nostro amore è vero.

Sono all'aeroporto
Vedo coppie mano nella mano e sono solo
Tu non sei da nessuna parte qui in giro per salutarmi
Sto aspettando che mi squilli il telefono.

Sto scendendo nel tunnel
Soffocando senza il tuo viso, senza il tuo bacio
Perché la gente litiga per delle sciocchezze?
Quando in realtà vogliamo dire questo…
Piccola, per favore stai qui un attimo
Dimmi le cose che sono andate storte
La mia anima è avvolta dentro te
Non riesco a immaginare la vita senza te.

Vedo un viso dall'aereo
Posso intuire quello che vuoi dire
Anche mentre lei comincia a piangere
L'aereo vola via…

24) UNTITLED

I know I should not love you
Can you forgive me for this selfish sin
For the lightning bolt has struck true
It's a need that comes from within
Because when I think of your smile
I think of all the things we'll do
I can't wait to rush into your arms
And make all kinds of sweet love with you…

24) SENZA TITOLO

So che non dovrei amarti
Puoi perdonarmi questo egoistico peccato
Perché il colpo di fulmine ha colpito davvero
È un bisogno che viene dall'interno
Perché quando penso al tuo sorriso
Penso a tutte le cose che faremo
Non vedo l'ora di precipitarmi fra le tue braccia
E fare l'amore nei modi più teneri con te…

25) TOO MUCH?

Is it asking too much
For you to accept
My love is for real?

I remember looking up
The flush of your cheeks
The beauty of your smile
I knew then I needed you for all the while.

I remember your face
You lit up like a hundred candles
I knew if I had your love
There would be nothing in life I couldn't handle.

And it's just not fair
That we can't explore
Those deepest feelings we have
The ones you're trying to ignore.

Because each time I try
To push you away
My heart and soul
Reject what my mind tries to say.

25) TROPPO?

È chiederti troppo
Chiederti di accettare
Che il mio amore sia reale?

Ricordo di aver guardato
Le tue guance arrossire
La bellezza del tuo sorriso
Allora sapevo di avere bisogno di te per sempre

Ricordo il tuo viso
Ti si illuminava come cento candele
Sapevo che se avessi avuto il tuo amore
Non ci sarebbe stato nulla nella vita che non avrei potuto affrontare.

E semplicemente non è giusto
Che non possiamo esplorare
I sentimenti più profondi che nutriamo,
Gli stessi che stai provando a ignorare.

Perché ogni volta che provo
Ad allontanarti
Il mio cuore e la mia anima
Respingono quello che la mia mente prova a dire.

26) UNTITLED

How may I know sunlight
When I cannot see your smile
How may one love
In the absence of a kiss
I'm drowning in self-pitying seas
Aching to hear a whisper of your kindness
Some effort to surpass the dark eternities
To support some foundation of love
A love which transcends friends
Love which conquers all
Even this beast I bear
Why are you silent over there?

I know I have no bosom to caress
Nor thoughtful flesh to ponder
Nor answers to mine own ventures
I have only the hope of sunlight
That which is in your smile
I have only the dream of love
In the warmth of your tender kiss
Is it possible to ascend into the sky
Where love is as Heaven's bliss…

26) SENZA TITOLO

Come posso conoscere la luce del sole
Quando non posso vedere il tuo sorriso
Come si può amare
In assenza di un bacio
Sto annegando in mari di autocommiserazione
Morendo dalla voglia di sentire un sussurro della tua dolcezza
Un po' di sforzo per oltrepassare le buie eternità,
Per sostenere una qualche fondamenta d'amore
Un amore che trascende gli amici,
L'amore che conquista tutto
Persino questa bestia che mi porto dentro
Perché te ne stai in silenzio laggiù?

So di non avere un seno da accarezzare
Né un corpo premuroso da studiare
Né risposte alle mie stesse imprese
Ho solo la speranza della luce del sole,
Quella che c'è nel tuo sorriso
Ho solo il sogno dell'amore
Nel calore del tuo tenero bacio
È possibile ascendere al cielo
Dove l'amore è come la beatitudine del Paradiso…

27) WITHOUT ME?

Now that I know what's missing in my life
How am I supposed to live without you?
It would be like a bird that never flies
Like feathers that have never ruffled the blue.
Is this what we choose to do?
Turning away from the only thing that's true
Is this race over before we start
Is this the new way to live
Betray the soul, starve the heart?
Maybe it's true that only one feels this way
Maybe it's something you won't allow your heart to say
Maybe it's something we can no longer see
But now that I know what's missing in my life
How can you choose to live without me?

27) SENZA DI ME?

Ora che so che cosa manca alla mia vita
Come si può pensare che io viva senza te?
Sarebbe come un uccello che non voli mai
Come piume che non abbiano mai increspato il blu del cielo
È questo che abbiamo scelto di fare?
Allontanarci dall'unica cosa vera
Forse questa gara è finita prima di iniziarla?
È questo il nuovo modo di vivere,
Tradire l'anima, affamare il cuore?
Forse è vero che uno solo si sente in questo modo
Forse è qualcosa che non permetterai al tuo cuore di dire
Forse è qualcosa che non possiamo più vedere
Ma ora che so che cosa manca alla mia vita
Come puoi scegliere di vivere senza di me?

28) "SOMETIMES I DREAM"

Sometimes I dream
And I see the rainbow in your eyes
How I crave to be stained by your rain
Or be a bird in your skies…

Sometimes I dream
And I hear the rivers in your blood
How I long to be buried in your soil
And be caught up in the flood…

Sometimes I dream
That I am your man and you're my woman
In my arms I'm holding you tight
We've rode the storms and feasted on famine
Loving you can only be right!

Woke up this morning with you dancing in my mind
I feel so alone, as if I've left you behind
Still smell your shampoo on my pillowcase
Is this just another dream I'm about to chase?
Wish I would close my eyes forever
If you'd only be there with me, cuz
Sometimes I dream…
Of your rainbow colored seas…

28) “TALVOLTA SOGNO”

Talvolta sogno
E vedo l’arcobaleno nei tuoi occhi
Quanto, quanto vorrei essere bagnato dalla tua pioggia
O essere un uccello nei tuoi cieli…

Talvolta sogno
E odo fiumi nel tuo sangue
Quanto desidero di essere sepolto nel tuo suolo
Ed essere raggiunto dal diluvio…

Talvolta sogno
Di essere il tuo uomo e tu la mia donna
Fra le mie braccia ti tengo stretta
Abbiamo cavalcato le tempeste e divorato le carestie
Amarti non può essere che giusto!

Mi son svegliato stamattina con te che mi danzavi nella mente
Mi sento così solo, come se ti avessi lasciata indietro
Ho ancora il profumo del tuo shampoo sulla federa
È forse questo solo un altro sogno che sto per scacciare?
Vorrei chiudere gli occhi per sempre
Se solo tu fossi qui con me, perché
Talvolta sogno…
Dei tuoi mari colorati di arcobaleno…

29) "BELIEVE"

Your soft brown eyes captivate my days
And nights, you make passion come alive in my dreams
As I taste your wild honeys
And lick your skin of ivory cream.
For the friendship we have
Each week without fail you are here
Even a bad visit is great
I'm just happy to have you near.
A year, yes we've lasted so far
These bars will not diminish my love
I still believe you're the special gift
Sent to me from Heaven above.
Like cars on a highway
You stir the blood in my veins
Thoughts, erotic and sensual
Fight as if horses I must keep in reins
You're angry at the world sometimes
I wish I could make the anger leave
I wish, I wish to simply make you happy
If only two people will believe.

29) “CREDI”

I tuoi dolci occhi marroni incantano i miei giorni
E le mie notti, tu rendi viva la passione nei miei sogni
Mentre assaggio il tuo miele selvatico
E lecco la tua pelle di crema eburnea.
Per l’amicizia che ci lega
Ogni settimana puntualmente tu sei qui
Anche una brutta visita è meravigliosa
Sono felice solo di averti vicina.
Un anno, sì, tanto siamo durati fino ad ora
Queste sbarre non diminuiranno il mio amore
Credo ancora che tu sia il dono speciale
Mandato a me dal Cielo lassù.
Come macchine in un’autostrada
Tu mi agiti il sangue nelle vene
Pensieri, erotici e sensuali
Lottano come cavalli che devo tenere a briglia
Tu sei arrabbiata col mondo a volte
Vorrei poter far sparire la tua rabbia
Vorrei, vorrei semplicemente farti felice
Se solo due persone ci crederanno.

30) "THE LOVE WITHIN…"

First, your lover should be your closest friend,
If you look into her eyes, you can see eternity that never ends.
And within the soul of your friend you can find love ever-lasting
Not just holding hands and *fare d'amore*[3], but a love enchanting.

For love between friends is powerful and true
This is why your best friend should be one you love and trust;
He, or she, should love you in good times or bad,
And always, whether morning or night, give you a kiss, happy or mad.

While certain friends may know more than your lover
You should open up to him, because being one is to be truly together.
And nothing should be hidden, whether physical or ethereal, even just a thought,
Always remember the love of a great friend cannot be sold or bought.

Love within friendship is something beautiful and must be protected
Remember your friend is not just there for difficult times
But is also there for those happy times in your life,
Do not delay in telling a joke, or a poem full of rhymes.

And your brothers and sisters you must forgive familiarity
Acknowledge the saying: Too much time together breeds contempt,
And intolerance of someone who should feel comfortable in the silence at your side
You were raised together, competed for affection
If you've drifted apart, you must make amends.

So I say of love within friendships this last thing:
Some people are good, and some should never walk through your door.
But no matter what, you must love somebody you want to be your friend, or lover,
As if you've never been hurt before.

For in this naive acceptance you must till and fertilize the soil
You must forgive, be humble, and smile each day,
Allow toleration of things that bother you so much, though it's often difficult,
Because examples are in your actions, and every "I love you" that you say…

3. In Italian in Karl's text, i.e. *make love*

30) "L'AMORE CHE C'È ALL'INTERNO DELL'AMICIZIA..."

Per prima cosa, il tuo amante dovrebbe essere il tuo migliore amico,
Se guardi nei suoi occhi, puoi vedere un'eternità che non ha mai fine.
E dentro l'anima del tuo amico puoi trovare amore che dura per sempre
Non solo tenersi la mano e fare l'amore, ma un amore magico.

Perché l'amore fra amici è potente e vero
Questo è il motivo per cui il tuo miglior amico dovrebbe essere qualcuno che ami e di cui ti fidi;
Lui, o lei, dovrebbe amarti nei tempi buoni e in quelli cattivi,
E sempre, che sia mattino o notte, dovrebbe darti un bacio felice o pazzo.

Sebbene certi amici possano sapere più di quello che sa il tuo amante,
Tu dovresti aprirti a lui, perché essere uno è essere davvero insieme.
E nulla dovrebbe essere nascosto, né di fisico né di etereo, nemmeno un singolo pensiero,
Ricordati sempre che l'amore di un grande amico non può essere né venduto né comprato.

L'amore all'interno di un'amicizia è qualcosa di bello e deve essere protetto
Ricordati che il tuo amico non c'è solo nei tempi difficili
Ma c'è anche in quei momenti felici della tua vita,
Non tardare a raccontare una barzelletta, o a recitare una poesia piena di rime.

E devi perdonare ai tuoi fratelli e alle tue sorelle la familiarità
Riconosci la verità del detto: Troppo tempo insieme produce il disprezzo,
E l'intolleranza di qualcuno che dovrebbe sentirsi a suo agio nel silenzio vicino a te
Siete cresciuti insieme, avete fatto a gara per l'affetto
Se vi siete allontanati l'uno dall'altra dovete fare ammenda.

Allora dico quest'ultima cosa dell'amore all'interno dell'amicizia:
Alcune persone sono buone, e alcune non dovrebbero mai oltrepassare la tua porta.
Ma qualunque cosa succeda, devi amare qualcuno che vuoi sia tuo amico, o amante,
Come se non fossi mai stato ferito prima.

Perché in questa ingenua accettazione devi arare e fertilizzare il suolo
Devi perdonare, essere umile, e sorridere tutti i giorni,
Essere indulgente verso cose che ti danno tanto fastidio, anche se spesso è difficile,
Perché gli esempi sono nelle tue azioni, e in ogni "ti amo" che dici...

31) "LAWS OF NATURE"

Like apples fall from the tree
That's how certain our love will be;
It's like the stars and moon above
That's what I know of our love.
If you throw a rock up into the wind
It's going to come back down again
It's the laws of nature can't you see
That's what our love is to me.

When Newton saw the sky falling
When Mister Bell asked "Who's calling?"
They made a simple discovery
Of what you mean to me.
And I don't just mean the outside
I want all those dreams you hide inside
That smile that turns my gloomy day to night
The way you touch my inner light.

31) “LEGGI DI NATURA”

Come le mele cadono dall’albero
Così sarà certo il nostro amore;
È come la luna e le stelle lassù
Questo è ciò che so del nostro amore.
Se getti un sasso verso l’alto nel vento
Tornerà giù di nuovo
Sono le leggi di natura, non vedi?
Così io percepisco il nostro amore.

Quando Newton vide il cielo cadere
Quando il signor Bell chiese “Chi chiama?”
Fecero una semplice scoperta
Di quello che tu significhi per me.
E non mi riferisco solo all’esteriore
Io voglio tutti quei sogni che nascondi dentro di te,
Quel sorriso che trasforma in notte il mio tenebroso giorno,
Il modo in cui tu tocchi la mia luce interiore.

32) "WOULD YOU?"

Would you stop the poet from singing
Praises about the stars and the sky:
Of a Sparrow's lonely woodland warble keening,
Drifting like a lover's sweet morning-after "goodbye"?

Would you take away the heat of our blood
That rush of emotions surging like a tidal flood?
Would you leave us alone on a deserted isle
And starve our hearts with denial?

Would you stop the rain from falling
The wolf from howling?
A thirsty field from drinking the dew?
Me from loving you?

Would you push away new life growing,
Between two new lovers?
Can't you feel the whisper within the soul
Or what these rhymes mean to discover?

Would you love me without words that come true?
Would you love without words loving you?
Would you stop the singing heart from singing a song,
That takes us into the sweet dream for which we long?

Would you prefer words that never came to you?
A poem intended sent another's way?
To some other heart; words sweetly untrue?
My poem like a butterfly's kiss…
Potresti? Would you? Would you do without this…

32) "LO FARESTI?"

Faresti smettere il poeta di cantare
Le lodi delle stelle e del cielo,
Del solitario trillo silvano di un passero che si lamenta,
Che vaga come il dolce "ciao" di un amante nel dopo-mattina?

Elimineresti il calore dal nostro sangue,
Quell'assalto di emozioni che si sollevano come il flusso della corrente?
Ci lasceresti soli su un'isola deserta
E affameresti i nostri cuori con il rifiuto?

Impediresti alla pioggia di cadere,
Al lupo di ululare?
Ad un campo assetato di bere la rugiada?
A me di amarti?

Respingeresti una nuova vita in crescita,
Fra due nuovi amanti?
Non riesci a sentire il sussurro all'interno dell'anima
O quello che questi versi intendono svelare?

Mi ameresti se non ci fossero parole che si avverano?
Ameresti se non ci fossero parole che ti amano?
Impediresti al cuore esultante di cantare una canzone,
Che ci porta nel dolce sogno al quale aneliamo?

Preferiresti forse parole che non sono mai pervenute fino a te?
Una poesia destinata ad essere mandata a un'altra?
A qualche altro cuore, parole dolcemente false?
La mia poesia è come il bacio di una farfalla…
Lo faresti? Lo faresti? Faresti a meno di questo?…

33) AT NIGHT…

When the winds whisper your name
And the stars light up the sky
I send you the warmth of my embrace,
And say: “Baby, please don’t cry.”
Tomorrow brings new hope
At sunrise we begin again
All life shines a-new in this world
Simply look to your heart within.
Gather strength from your soul
Resta qui con me[4]
Non si sa mai, comunque speriamo…[5]
Feel the strokes of my hands on your brow
Take comfort in this friendly embrace
What joy this kiss, so long missed,
One day, may we be face to face…

4. In Italian in Karl’s text, i.e. *Stay here with me*
5. In Italian in Karl’s text, i.e. *You never know, but we can hope*

33) DI NOTTE…

Quando i venti sussurrano il tuo nome
E le stelle illuminano il cielo
Ti mando il calore del mio abbraccio,
E dico: "Piccola, per favore non piangere."
Il domani porta una nuova speranza
All'alba ricominciamo
Tutta la vita brilla come nuova in questo mondo
Guarda semplicemente dentro al tuo cuore.
Raduna le forze dalla tua anima
Resta qui con me
Non si sa mai, comunque speriamo…
Senti le carezze delle mie mani sulla tua fronte
Ricevi conforto in questo abbraccio amichevole
Che gioia questo bacio, che ci è mancato così a lungo,
Potessimo un giorno essere faccia a faccia…

34) LONGINGS FOR LOVE

Whisper, gently in the night
Full moons that dance in my dreams -
Images of a beautiful sunrise
If only I could know what true love means.

I fall into bed alone
A sheet covers liquid bodies as waves roll in with the tide -
Is it love, this dream I feel,
Or something we must hide.

I stand alone in this world
Longing for something I hope someday to feel -
Days and nights pass in a blur; I await…
For that something that is forever real.

A kiss in the morning
The warm breeze of a smile in her eyes -
So much love and longing in her posture
A sensual awaiting she cannot disguise.

Two becoming one long into the eve
Whispered love songs in each others' ear -
If only to see you now my love,
Longing for love, so far, so near…

34) BRAMANDO L'AMORE

Un sospiro, dolcemente di notte
Lune piene che danzano nei miei sogni –
Immagini di un'alba meravigliosa
Se solo io potessi sapere cosa significa vero amore!

Sprofondo a letto, solo
Un lenzuolo copre corpi liquidi come onde che rotolano con la marea -
È amore questo sogno che sento,
O è qualcosa che dobbiamo nascondere?

Sto solo in questo mondo
Bramando qualcosa che spero un giorno di provare -
Giorni e notti passano in modo confuso; aspetto…
Quel qualcosa che è reale per sempre.

Un bacio al mattino
La tiepida brezza di un sorriso nei suoi occhi -
Così tanto amore e desiderio nel suo portamento
Un'attesa sensuale che lei non può camuffare.

Due che diventano uno nel profondo della notte
Canzoni d'amore sussurrate nelle orecchie l'uno dell'altra -
Se solo potessi vederti ora, amore mio,
Bramando l'amore, così lontano, così vicino…

35) "FALLING INTO YOU…"

I see her swaying face
Like a dream on screen
Standing in front of me
I'm looking into beauty mine
Her gravity pulling me in
My lips parting
Can't you see my heart pleading
Just enfold me in your sweet kiss
Quench my thirst with your lips
Drown me in your pools of green
Your face is my light
The prettiest I've ever seen
Falling into you
Catch me with your mouth
Breathe me to life
Bring me back to square one
Just kiss me forever
In love with your natural truth
A gravity so strong…

35) "CADENDO DENTRO DI TE…"

Vedo il suo viso ondeggiante
Come un sogno sullo schermo
Che sta di fronte a me
Sto guardando dentro alla miniera della bellezza
La sua forza di gravità mi attira
Le mie labbra si dischiudono
Non vedi il mio cuore implorante?
Semplicemente avvolgimi nel tuo dolce bacio
Spegni la mia sete con le tue labbra
Sommergimi nei tuoi verdi specchi
Il tuo viso è la mia luce,
Il più grazioso che io abbia mai visto
Cadendo dentro di te
Catturami con la tua bocca
Infondi in me la vita col tuo respiro
Riportami all'inizio
Semplicemente baciami per sempre
Innamorato della tua naturale verità
Una forza di gravità così forte…

36) "THIS IS A MESSAGE IN A BOTTLE…"

To everyone who thinks they are not good enough
To everyone who has forgotten the beauty of their inner smile
To you who wait for just a hug or a kiss
And to you my girl, who has only to wait a little while.

My little Italian Doll dancing far away
Can you imagine two bodies become one, as I glide within…
Oh, how I wish to hold you in my arms and keep you safe
If only to feel the warmth of your heart beating against my skin

Trapped within the momentary falseness of a relationship of the hour
Trapped within the lies and cold caresses that satisfy for only a day
In my pockets I hold the keys to your truest loves and desires
If you raise your voice and simply say…

My message is in the bottle along the sand
I'm but a man trapped within this cage, though love has found
His heart in the form of a beautiful little smile in your skies
And if you never fall in love just say the words, just make a sound…
I'm here in this message to you
I'm there in the skies above
My friendship is my romantic fantasy for your sogni sensuali e d'oro[6]…
Mai dimenticato sono qui con te, in love…

6. In Italian in Karl's text, i.e. *sensual and golden dreams*

36) “QUESTO È UN MESSAGGIO IN UNA BOTTIGLIA…”

A tutti quelli che credono di non essere abbastanza bravi
A tutti quelli che hanno dimenticato la bellezza del loro sorriso interiore
A te che aspetti solo un abbraccio o un bacio
E a te, ragazza mia, che devi solo aspettare un po’.

Mia piccola bambola italiana che danzi lontanissima
Riesci a immaginare due corpi diventare uno solo, mentre io scivolo dentro?…
Oh, quanto desidero stringerti fra le mie braccia e tenerti al sicuro,
Non foss’altro che per sentire il calore del tuo cuore che batte contro la mia pelle!

Intrappolato nella provvisoria falsità di una relazione del momento
Intrappolato nelle bugie e nelle fredde carezze che soddisfano solo per un giorno
Nelle mie tasche tengo le chiavi del tuo amore e dei tuoi desideri più veri
Se tu alzi la voce e semplicemente parli…

Il mio messaggio è nella bottiglia lungo la sabbia
Non sono che un uomo intrappolato in questa gabbia, anche se l’amore ha trovato
Il proprio cuore nella forma di un bellissimo, piccolo sorriso nei tuoi cieli
E se non ti innamori mai di’ solo le parole, fai solo un cenno…
Io sono qui in questo messaggio per te
Io sono là nei cieli lassù
La mia amicizia è la mia fantasia romantica per i tuoi sogni d’oro sensuali
Non dimenticare mai che sono qui con te, innamorato…

37) POEMS OF LOVE

I do not know of love
As I've never been -
I have felt the stirrings in my heart
But never touched the soul within -
I can only imagine the giving and taking
The grand experiments of two hearts -
Sometimes I can feel the warm breezes rustling
But I know only of the being "apart" -
I can touch the face of my love in dreams
But I cannot see clearly through this fog -
I can pray that she shall arrive before my worldly parting
Yet I know not when, or how long -
These things I can put in my sonnets of joy and sadness
And I can feel the pains of lost love -
But my soul is worn within this shell
I can just barely see light from the Heaven's above -
Of love poems I give you this
A hug and a soft kiss -
Of love poems I can say to you
Be they long or short, they are always true -

37) POESIE D’AMORE

Non so nulla dell’amore
In quanto non sono mai stato innamorato -
Ho sentito eccitazione nel mio cuore
Ma non ho mai toccato l’interno dell’anima.
Posso solo immaginare il prendere e il dare
I grandi esperimenti di due cuori -
Talvolta riesco a sentire le tiepide brezze fruscianti
Ma ho esperienza solo dell’essere “divisi” -
Posso toccare il viso del mio amore nei sogni
Ma non riesco a vedere chiaramente attraverso questa nebbia -
Posso pregare che lei arrivi prima che io lasci questo mondo
Eppure non so quando, o per quanto -
Posso mettere queste cose nei miei versi di gioia e tristezza
E posso sentire il dolore dell’amore perduto -
Ma la mia anima è consumata dentro a questo involucro
Posso solo a malapena vedere la luce dal Paradiso lassù -
Di tutte le poesie d’amore ti do questa:
Un abbraccio e un dolce bacio -
Di tutte poesie d’amore posso dirti:
Siano esse lunghe o corte, sono sempre vere-

38) IF YOU DON’T MIND BROKEN THINGS

You can have my heart
If you don’t mind broken things
You can have my love
If you don’t mind not having diamond rings,
I want you to want me
You can have my life too
I heard you make old things new
So I give these pieces of me to you.

38) SE NON TI DISPIACCIONO LE COSE ROTTE

Puoi avere il mio cuore
Se non ti dispiacciono le cose rotte
Puoi avere il mio amore
Se non ti dispiace non avere anelli di diamante,
Voglio che tu mi vuoi
Puoi anche avere la mia vita
Ho sentito dire che tu sai trasformare le cose vecchie in nuove
Così do a te questi pezzi di me.

39) SUITCASE STICKERS
(Song)

You reach out to me from gilded thrones
My fingers jerk away from your touch
I'm afraid to let you know my love
Can't you see these bruises, scars and such?

They are my suitcase stickers
They tell you where I've been, what I've seen
If you can step slowly away
I'll show you how to read.

I'm no Jim Crow, or famous victim, I'm just a man
Subject to the whiplash by those who can
And my suitcase stickers I wear them proud
I don't hide from the demons in my soul
And sometimes the insanity grows too loud
But bear with me, suitcase stickers have a goal.

Suitcase stickers know my road
They bear the scars and scratches of my history
When you come near move very slow
Sometimes I forget who my friends might be.
Don't be afraid of my passages
My ugliness does not touch my heart
If you deserve my love, my loyalty
There's nothing to keep us apart.
And in the night when your fingers trace my body
I drift in peace beneath the neon flickers
Feel the scars and kiss away my nightmares
Read my life, those suitcase stickers…

39) ADESIVI DA VALIGIA

(Canzone)

Ti protendi verso di me da troni dorati
Le mie dita si ritraggono di scatto dal tuo tocco
Ho paura di farti sapere del mio amore
Non vedi questi lividi, cicatrici, e cose simili?

Sono i miei adesivi da valigia,
Ti dicono dove sono stato, cosa ho visto
Se puoi spostarti indietro lentamente
Ti mostrerò come leggerli.

Io non sono nessun Jim Crow, né una vittima famosa, sono solo un uomo
Sottoposto ai colpi di frusta da parte di quelli che possono
E i miei adesivi da valigia li indosso con orgoglio
Non mi nascondo dai demoni che sono nella mia anima
E talvolta la follia diventa troppo vistosa
Ma abbi pazienza con me, gli adesivi da valigia hanno uno scopo.

Gli adesivi da valigia sanno qual è la mia strada
Essi mostrano le cicatrici e i graffi della mia storia
Quando ti avvicini muoviti molto lentamente,
Qualche volta mi dimentico chi potrebbero essere i miei amici.
Non aver paura di dove sono passato
La mia bruttezza non tocca il mio cuore
Se tu meriti il mio amore, la mia fedeltà
Non c'è niente che ci possa tenere lontani.
E di notte, quando le tue dita tracciano il mio corpo
Io vago in pace sotto il tremolio delle luci al neon
Senti le cicatrici e scaccia i miei incubi con un bacio
Leggi la mia vita, quegli adesivi da valigia…

40) "FLY TO YOU"

Away this hummingbird
O'er fields of whispering wheat
Flowers dance in the periphery
Like dreams of people we'll meet.

Begin now this subconscious chant
Upon the wind this spell
Of friendship, or more…
Only time and fate will tell.

Drink thee my words
Keep me tucked in your care
For I have been shut away in my innocence
Will you gently find my heart to share?

I am more within than bars and numbers
Though the stigma of prison remains
Yet I am a man, a man
And all that "man" pertains…

We can walk through golden fields
If you choose, I will always be true
I long for dreams and more
But now it must begin with you.

My hand awaits in friendly silence
My eyes await your smile
Bring to me your thoughts deep
And we two shall walk for the while.

For life is the only venture
Even I, though caged by cruelty, dance
When no one but the Spirit can see
Will you step forward? Take the chance?

I play no games with jewels of life
I pray for honesty as your goal
As I long for colors and beauty within
A gamble for friendship, or a twin of the soul…

So introduce yourself to my heart and mind
Roses and oak trees each begin from a seed
Which I plant now in your garden
If friend or more beckons, water and set us free…

40) “VOLO DA TE”

Questo colibrì vola
Su campi di grano ondeggiante,
Fiori danzano in lontananza
Come sogni di gente che incontreremo.

Comincia adesso questa cantilena inconsapevole
Nel vento questo incantesimo
Di amicizia, o più…
Solo il tempo e il destino lo diranno.

Bevi le mie parole
Tienmi sano e al sicuro sotto la tua protezione
Perché sono stato rinchiuso nella mia innocenza
Riuscirai dolcemente a trovare come parlare al mio cuore?

Nel mio interiore sono più di sbarre e numeri
Anche se il marchio della prigione rimane
Sono ancora un uomo, un uomo
E con tutto ciò che essere “uomo” comporta…

Possiamo camminare attraverso campi dorati
Se lo vuoi, io sarò sempre sincero
Ho bisogno di sogni e di più
Ma ora devi essere tu a cominciare.

Le mie mani aspettano in amichevole silenzio
I miei occhi anelano al tuo sorriso
Portami i tuoi pensieri più profondi
E noi due cammineremo insieme nel frattempo.

Perché la vita è l’unica avventura
Persino io, sebbene imprigionato dalla crudeltà, danzo
Quando solo lo Spirito può vedere
Vuoi fare un passo avanti? Vuoi correre il rischio?

Io non mi prendo gioco dei gioielli della vita
Prego che l’onestà sia il tuo scopo
Come io anelo ai colori e alla bellezza interiore
Una scommessa per un’amicizia, o per un’anima gemella…

Allora presentati al mio cuore e alla mia mente
Le rose e le querce iniziano entrambe da un seme
Che ora io pianto nel tuo giardino
Se amicizia o qualcosa di più chiama, annaffialo e liberaci…

INDICE – INDEX

Printed by Lulu
October 2011

www.ingramcontent.com/pod-product-compliance
Ingram Content Group UK Ltd.
Pitfield, Milton Keynes, MK11 3LW, UK
UKHW020203200726
13856UKWH00003B/1169